André Boccato & Estúdio Paladar

Receitas Saborosas

com **Peixes** e **Frutos** do **Mar**

Receitas Saborosas com

Peixes e Frutos do Mar

Nutricionistas e médicos recomendam uma dieta equilibrada, com grande variedade de alimentos para garantir todos os nutrientes necessários para a saúde. Figurando na lista dos bons alimentos, mesmo para diferentes orientações nutricionais, o peixe, de água doce ou salgada, é uma unanimidade, pois é fonte de vitaminas, minerais e proteína.

Leve, saboroso e altamente protéico, o peixe contém também "gorduras do bem", ou melhor, um ácido-graxo chamado ômega 3, cujos benefícios para uma dieta saudável estão cientificamente comprovados.

Mas, como uma refeição agradável não deve ser uma "bula de remédio", então aproveite todos os benefícios, deliciando-se com sardinha, robalo, salmão, pescada, cação, Saint Peter, entre tantos outros facilmente encontrados em mercados e feiras-livres, frescos ou congelados.

A idéia deste livro é oferecer um conjunto de receitas práticas e relativamente simples que oferecem variedade e criatividade, tanto para o dia a dia como para incrementar jantares especiais, e sobretudo, muito, muito saborosas!

André Boccato

Índice

Prefácio	3
Índice	4
Filés de Peixe com Molho Agridoce	6
Camarões com Molho Dijon	8
Salmão com Aspargos	10
Mousse de Ervilha e Bacalhau	12
Peixe de Praia	14
Linguado Assado com Gergelim	16
Camarão com Ervilhas	18
Caldeirada de Frutos do Mar	20
Pavê de Aliche e Camarão	22
Casquinha de Siri	24
Peixe ao Molho Frio	26
Sopa de Peixe	28
Salmão ao Molho de Maracujá	30
Camarão na Moranga	32
Peixe da Maré	34
Panqueca de Camarão	36
Bolinho de Bacalhau	38
Namorado ao Molho de Lula	40
Peixe ao Pimentão	42

Moqueca de Peixe	44
Cação ao Molho de Mostarda	46
Pérolas de Camarão	48
Pescada com Laranja	50
Strogonoff de Peixe	52
Salmão Baiano	54
Torta Prática de Peixe	56
Filé de Linguado Crocante	58
Peixe ao Molho de Uva	60
Pescada ao Molho Rosé	62
Bobó de Camarão	64
Jardineira Ensopado de Peixe	66
Fogazza de Camarão	68
Ensopado de Atum e Grão de Bico	70
Atum com Molho de Tomates	72
Caruru	74
Mandioquinha com Atum no Forno	76
Sushi de Kani	78
Rocambole Salgado de Lula	80
Truta com Macadâmia e Couve-flor	82
Cação com Camarão	84
Peixe com Molho de Ervas	86
Bolinho de Peixe ao Molho Picante	88
Truta ao Leite de Coco	90
Peixe com Banana e Couve-flor	92
Filé de Tilápia ao Molho de Cogumelos	94

Rendimento: 6 porções / Tempo de Preparo: 40 minutos / Dificuldade: Fácil

Filés de Peixe com Molho Agridoce

Ingredientes

1kg de filés de peixe (linguado, pescada etc.)
6 colheres (sopa) de suco de limão
sal a gosto
2 potes de iogurte natural desnatado
1 colher (sopa) de farinha de trigo
4 colheres (sopa) de mostarda
3 colheres (sopa) de geleia de framboesa
6 colheres (sopa) de queijo parmesão ralado

Modo de Preparo

Tempere os filés de peixe com duas colheres (sopa) de suco de limão e sal. Passe-os rapidamente pela frigideira antiaderente aquecida para selar e coloque em um refratário. Reserve.

À parte, misture o iogurte, a farinha de trigo, a mostarda, a geleia de framboesa, o queijo ralado, o suco de limão restante e sal. Despeje essa misture sobre os filés e leve ao forno preaquecido em temperatura média/alta, por 20 minutos. Sirva a seguir.

Rendimento: 5 porções / Tempo de Preparo: 40 minutos / Dificuldade: Fácil

Camarões com Molho de Dijon

Ingredientes
1kg de camarões grandes e limpos
suco de 1 limão
sal a gosto
1 colher (chá) de pimenta jamaica moída
2 ovos batidos
meia xícara (chá) de farinha de rosca
2 colheres (sopa) de sementes de gergelim
2 xícaras (chá) de óleo
1 colher (sopa) de amido de milho
2 xícaras (chá) de leite
3 colheres (sopa) de mostarda de Dijon
1 colher e meia (sopa) de dill picado

Modo de Preparo
Tempere os camarões com o limão, o sal e a pimenta jamaica. Passe os camarões pelos ovos batidos e depois pela farinha misturada com o gergelim. Frite no óleo quente e reserve.

Leve ao fogo o amido de milho dissolvido no leite e mexa até engrossar. Junte a mostarda, o dill e o sal. Deixe aquecer e desligue. Sirva com os camarões.

Rendimento: 6 porções / Tempo de Preparo: 1 hora / Dificuldade: Fácil

Salmão com Aspargos

Ingredientes
1kg de filés de salmão
sal a gosto
1 pitada de pimenta-do-reino branca
1/4 de xícara (chá) de óleo
1 batata grande cortada em cubos
1 batata doce pequena cortada em cubos
2 xícaras (chá) de aspargos frescos picados
1 cebola grande cortada em rodelas
1 tablete de caldo de peixe

Modo de Preparo
Tempere o salmão com o sal e a pimenta-do-reino e leve para grelhar até ficar dourado.

Aqueça o óleo e refogue a batata e a batata doce por 10 minutos, mexendo de vez em quando. Acrescente os aspargos e cozinhe até que os legumes estejam macios. Junte a cebola, o caldo de peixe, meia xícara (chá) de água e refogue até a cebola murchar. Desligue e sirva acompanhando o salmão.

Rendimento: 10 porções / Tempo de Preparo: 6 horas e 15 minutos / Dificuldade: Fácil

Mousse de Ervilha e Bacalhau

Ingredientes

1 envelope de gelatina incolor sem sabor (12g)
250g de bacalhau dessalgado, cozido e desfiado
1 xícara (chá) de ervilhas partidas cozidas
1 xícara e meia (chá) de creme de leite
3 dentes de alho
3 colheres (sopa) de maionese
1/3 de xícara (chá) de cebola picada
2 xícaras e meia (chá) de leite
1 colher (sopa) de mostarda
2 colheres (sopa) de queijo parmesão ralado
1 pitada de pimenta-do-reino branca
3 colheres (sopa) de cheiro-verde picado
sal a gosto

Modo de Preparo

Hidrate a gelatina em cinco colheres (sopa) de água e leve ao microondas por 25 segundos para dissolver. Coloque a gelatina no processador com o restante dos ingredientes, menos o cheiro-verde, e bata muito bem. Transfira para uma tigela e misture o cheiro-verde. Coloque em uma fôrma molhada e leve à geladeira por 6 horas. Desenforme e sirva gelado.

Rendimento: 6 porções / Tempo de Preparo: 1 hora e 10 minutos / Dificuldade: Médio

Peixe de Praia

Ingredientes

Peixe
6 postas de peixe de sua preferência
suco de 2 limões
meia colher (sopa) de sal
2 dentes de alho picados
2 ovos batidos
2 xícaras (chá) de farinha de rosca
óleo para fritar

Molho
2 colheres (sopa) de azeite
1 cebola média picada
2 caixinhas de polpa de tomate (520g cada)
meia xícara (chá) de manjericão picado
sal a gosto
meio maço de rúcula (folhas inteiras)

Modo de Preparo

Peixe
Em uma vasilha, tempere as postas com o limão, o sal e o alho e deixe tomar gosto por 30 minutos. Passe cada posta no ovo e na farinha de rosca. Aqueça o óleo e frite as postas até ficarem douradas. Reserve.

Molho
Em uma panela, aqueça o azeite e refogue a cebola, até que ela fique macia; junte a polpa de tomate, o manjericão e o sal.

Sirva as postas fritas com as folhas de rúcula e o molho, dispostos em um refratário.

Rendimento: 4 porções / Tempo de Preparo: 1 hora e 15 minutos / Dificuldade: Médio

Linguado Assado com Gergelim

Ingredientes

Peixe
4 filés de linguado grandes
sal a gosto
meia colher (chá) de pimenta-do-reino
meia xícara (chá) de vinho branco seco
1 xícara (chá) de sementes de gergelim
4 colheres (sopa) de azeite
2 colheres (sopa) de salsa picada

Molho
2 colheres (sopa) de manteiga
1 colher (sopa) de cebola picada
1 colher (sopa) de farinha de trigo
2 colheres (sopa) de mel
4 colheres (sopa) de geleia de amora
4 anis-estrelados
4 colheres (sopa) de vinho tinto seco
1 tablete de caldo de peixe

Modo de Preparo

Peixe
Em uma travessa, tempere os filés com o sal, a pimenta e o vinho. Cubra com filme plástico e deixe tomar gosto, na geladeira, por 30 minutos. Passe um lado de cada filé no gergelim, e embrulhe em papel-alumínio. Leve ao forno preaquecido em temperatura média/alta, por 20 minutos. Abra o embrulho, regue com o azeite e salpique a salsa. Volte ao forno por mais 10 minutos ou até que a superfície esteja dourada.

Molho
Derreta a manteiga, junte a cebola e deixe dourar. Adicione a farinha de trigo e mexa bem. Acrescente o mel, a geleia de amora, o anis, o vinho, o caldo de peixe e meia xícara (chá) de água. Cozinhe por 5 minutos em fogo baixo e desligue. Despeje o molho sobre os filés e sirva a seguir.

Rendimento: 6 porções / Tempo de Preparo: 45 minutos / Dificuldade: Fácil

Camarão com Ervilhas

Ingredientes

4 colheres (sopa) de azeite
3 dentes de alho amassados
750g de camarões grandes limpos
1 pitada de pimenta calabresa
1 colher e meia (sopa) de extrato de tomate
1 xícara (chá) de vinho branco seco
meia colher (chá) de fios de açafrão
1 colher (chá) de manjericão desidratado
sal a gosto
1 pitada de pimenta-do-reino
meio pacote de ervilhas congeladas (150g)
8 batatas pequenas (tipo bolinha) descascadas, cortadas em 4 partes e cozidas com sal

Modo de Preparo

Em uma frigideira grande, aqueça o azeite e frite o alho. Adicione os camarões, a pimenta calabresa, o extrato de tomate, o vinho, o açafrão e cozinhe por aproximadamente 5 minutos. Retire os camarões da frigideira com uma escumadeira. Reserve.

Deixe o molho engrossar ligeiramente. Adicione o manjericão, o sal, a pimenta-do-reino, as ervilhas descongeladas, as batatas e o camarão reservado. Aqueça bem e sirva a seguir.

Rendimento: 8 porções / Tempo de Preparo: 1 hora / Dificuldade: Fácil

Caldeirada de Frutos do Mar

Ingredientes

- 500g de feijão branco
- 300g de vieiras
- 300g de marisco
- 300g de camarões médios limpos
- 300g de lulas em anéis
- 5 colheres (sopa) de azeite
- 3 dentes de alho amassados
- 2 folhas de louro
- 1 pitada de curry
- 2 tabletes de caldo de camarão
- 1 vidro de leite de coco (200ml)
- 1 pitada de pimenta calabresa

Modo de Preparo

Deixe o feijão de molho por 2 horas. Escorra e coloque em uma panela de pressão com água até três dedos acima do feijão. Feche a panela, leve ao fogo médio e cozinhe por 10 minutos após o início da pressão.

À parte, em uma panela grande, ferva bastante água e despeje os frutos do mar na água fervendo. Deixe cozinhar por 1 minuto e escorra. Nesta mesma panela despeje o feijão semicozido e os frutos do mar.

Em outra panela menor, aqueça o azeite e junte o alho, o louro e o curry. Frite até dourar o alho e despeje na panela do feijão. Adicione os tabletes de caldo de camarão dissolvidos em uma xícara (chá) de água quente, o leite de coco, a pimenta calabresa e deixe cozinhar por 20 minutos com a panela semitampada. Sirva acompanhado de arroz branco e escarola refogada.

Rendimento: 10 porções / Tempo de Preparo: 1 hora / Dificuldade: Médio

Pavê de Aliche e Camarão

Ingredientes

Massa
2 xícaras (chá) de batata cozida e amassada
3/4 de xícara (chá) de leite
3 ovos
2 colheres (sopa) de manteiga
1 colher (chá) de sal
1 xícara e meia (chá) de farinha de trigo
1 colher (sopa) de fermento em pó

Recheio
2 colheres (sopa) de azeite
1 xícara e meia (chá) de molho de tomate pronto
1kg de camarão pequeno, limpo e cozido
1/3 de xícara (chá) de filé de aliche escorrido e picado
sal e pimenta-do-reino a gosto
2 vidros de leite de coco (400ml)
5 colheres (sopa) de amido de milho

Cobertura
3 colheres (sopa) de manteiga
2 colheres (sopa) de cebola picada
3 colheres (sopa) de farinha de trigo
sal a gosto
2 xícaras (chá) de leite quente
2 latas de creme de leite sem soro

Modo de Preparo

Massa
Junte a batata, o leite, os ovos, a manteiga e o sal e bata até formar um creme homogêneo. Adicione os ingredientes restantes e misture bem.

Unte um refratário, despeje a massa e leve ao forno preaquecido em temperatura média por 25 minutos ou até que a massa esteja dourada.

Recheio
Aqueça o azeite, adicione o molho de tomate, os camarões, o filé de aliche, o sal, a pimenta-do-reino, um vidro e meio de leite de coco e deixe cozinhar por 10 minutos. Adicione o amido de milho dissolvido no leite de coco restante e mexa até engrossar. Espalhe o recheio quente sobre a massa, também quente.

Cobertura
Em uma panela, aqueça a manteiga, junte a cebola, a farinha de trigo, o sal e, por último o leite. Deixe cozinhar por 2 minutos, mexendo sempre. Retire do fogo e adicione o creme de leite. Espalhe sobre o recheio ainda quente. Sirva a seguir.

Rendimento: 6 porções / Tempo de Preparo: 40 minutos / Dificuldade: Fácil

Casquinha de Siri

Ingredientes
4 colheres (sopa) de óleo
1 cebola média picada
1 dente de alho picado
2 colheres (sopa) de extrato de tomate
3 colheres (sopa) de cheiro-verde picado
3 fatias de pão de fôrma sem casca
1 vidro de leite de coco (200ml)
400g de carne de siri
sal a gosto
3 colheres (sopa) de queijo parmesão ralado
3 colheres (sopa) de farinha de rosca

Modo de Preparo
Em uma panela média, aqueça o óleo e frite a cebola e o alho. Quando a cebola estiver transparente, junte o extrato de tomate, o cheiro-verde e uma xícara (chá) de água.

À parte, esmigalhe as fatias de pão e umedeça com três colheres (sopa) de água. Reserve.

Acrescente o leite de coco ao refogado e, em seguida, a carne de siri. Deixe retomar a fervura e junte o sal e o pão esmigalhado. Cozinhe por mais 5 minutos e desligue.

Encha seis fôrmas de casquinha de siri e polvilhe com o queijo e a farinha de rosca. Leve ao forno preaquecido em temperatura média/alta, por cerca de 20 minutos. Sirva como entrada.

Rendimento: 4 porções / Tempo de Preparo: 1 hora e 40 minutos / Dificuldade: Fácil

Peixe ao Molho Frio

Ingredientes
4 sardinhas limpas sem cabeça e sem espinha
1 colher (chá) de sal
suco de meio limão
meia colher (chá) de pimenta-do-reino branca
4 colheres (sopa) de farinha de trigo
óleo para fritar

Molho
1 colher (sopa) de azeite
1 colher (sopa) de cebola picada
2 colheres (sopa) de vinagre
3 colheres (sopa) de cebolinha picada
1 dente de alho fatiado
meia colher (chá) de coentro em pó
1 pitada de pimenta calabresa
1 caixinha de molho de tomate (260g)

Modo de Preparo
Tempere as sardinhas com o sal, o limão e a pimenta e deixe tomar gosto por 1 hora. Passe na farinha de trigo e frite no óleo quente. Deixe esfriar.

Molho
Aqueça o azeite em uma panela e frite a cebola ligeiramente. Junte o vinagre, a cebolinha, o alho, o coentro, a pimenta calabresa e o molho de tomate. Tampe e deixe cozinhar em fogo baixo, por 10 minutos. Deixe esfriar.

Coloque a sardinha frita em um refratário e despeje o molho por cima. Cubra e leve à geladeira por 24 horas. Sirva como antepasto com torradas.

Rendimento: 4 porções / Tempo de Preparo: 50 minutos / Dificuldade: Fácil

Sopa de Peixe

Ingredientes
5 colheres (sopa) de azeite
1 cebola média picada
1 dente de alho picado
2 colheres (sopa) de vinagre
3 colheres (sopa) de extrato de tomate
1 vidro de leite de coco (200ml)
sal a gosto
1kg de cação cortado em cubos
1 galho pequeno de manjericão
1 colher (sopa) de salsa picada
1 pitada de pimenta-do-reino

Modo de Preparo
Em uma panela grande, aqueça o azeite e frite a cebola e o alho. Junte o vinagre e frite mais um pouco. Adicione o extrato de tomate, o leite de coco, o sal, o peixe, uma xícara e meia (chá) de água e o manjericão. Deixe cozinhar em fogo baixo por 30 minutos, com a panela semitampada. Desligue, retire o manjericão, acrescente a salsa, a pimenta e sirva a seguir acompanhada de torradas.

Rendimento: 2 porções / Tempo de Preparo: 25 minutos / Dificuldade: Fácil

Salmão ao Molho de Maracujá

Ingredientes
1 lombo de salmão
sal a gosto
1 pitada de pimenta-do-reino branca
3 colheres (sopa) de manteiga
meia cebola pequena picada
1 colher (chá) de pimenta-do-reino preta em grãos
2 colheres (chá) de farinha de trigo
3/4 de xícara (chá) de creme de leite fresco
1/3 de xícara (chá) de suco de maracujá concentrado
1/3 de xícara (chá) de vinho branco seco
2 colheres (chá) de segurelha desidratada

Modo de Preparo
Tempere o lombo de salmão com sal e a pimenta-do-reino branca. Deixe tomar gosto enquanto prepara o molho.

Coloque em uma panela uma colher (sopa) de manteiga e frite a cebola e os grãos de pimenta. Adicione a farinha de trigo e misture. Junte o creme de leite fresco, mexendo rapidamente, o suco de maracujá e o vinho. Deixe ferver. Acrescente a segurelha, o sal e desligue.

Derreta o restante da manteiga em uma frigideira e frite o salmão, dourando dos dois lados. Sirva com o molho de maracujá.

Rendimento: 6 porções / Tempo de Preparo: 1 hora e 20 minutos / Dificuldade: Médio

Camarão na Moranga

Ingredientes
1 abóbora moranga (3kg)
sal a gosto
1kg de camarões médios e limpos
3 colheres (sopa) de manteiga
2 colheres (sopa) de farinha de trigo
1 vidro de leite de coco (200ml)
1 xícara e meia (chá) de leite
1 copo de requeijão
3 colheres (sopa) de catchup
meia colher (chá) de pimenta jamaica
1 colher (sopa) de salsa picada

Modo de Preparo
Corte uma tampa no topo da moranga e reserve-a. Retire e descarte as sementes e salpique sal dentro de abóbora. Envolva toda a abóbora com papel-alumínio, incluindo a tampa; coloque em uma assadeira e leve ao forno preaquecido em temperatura média/alta, por 40 minutos ou até que a abóbora fique macia, porém firme. Reserve, mantendo-a aquecida.

Cozinhe os camarões em água e sal por 2 minutos e escorra. Reserve.

Em uma panela média, derreta a manteiga e adicione a farinha de trigo. Deixe dourar levemente, abaixe o fogo e junte o leite de coco, o leite, o requeijão, o catchup, a pimenta jamaica, a salsa, os camarões cozidos e sal. Deixe cozinhar por 10 minutos em fogo baixo e desligue. Retire o papel-alumínio que envolve a abóbora e despeje o creme de camarões na cavidade. Feche a abóbora com a própria tampa e leve para servir.

Rendimento: 6 porções / Tempo de Preparo: 1 hora / Dificuldade: Fácil

Peixe da Maré

Ingredientes
12 postas pequenas de cação
sal a gosto
1 pitada de pimenta-do-reino
3 dentes de alho picados
1 galho de alecrim
1 colher (chá) de orégano
2 colheres (sopa) de pó de café
1 xícara (chá) de água quente
1 xícara (chá) de azeite
5 tomates sem pele e sem sementes, fatiados
5 batatas médias fatiadas e cozidas al dente
meia xícara (chá) de azeitonas verdes
3/4 de xícara (chá) de vinho branco seco

Modo de Preparo
Tempere as postas com o sal, a pimenta, o alho, o alecrim e o orégano. Reserve.

Prepare o café com a água quente e reserve. Unte uma assadeira com azeite e coloque as postas temperadas. Distribua os tomates, as batatas e as azeitonas. Regue com o restante do azeite, o café reservado e o vinho. Cubra com papel-alumínio e leve ao forno médio preaquecido por 40 minutos. Retire o papel e deixe dourar levemente. Sirva a seguir.

Rendimento: 8 porções / Tempo de Preparo: 1 hora e 10 minutos / Dificuldade: Médio

Panqueca de Camarão

Ingredientes

Massa
2 ovos
1 xícara (chá) de farinha de trigo
1 xícara (chá) de amido de milho
meia xícara (chá) de leite
1 vidro de leite de coco (200ml)
1 colher e meia (chá) de fermento em pó
óleo para untar

Recheio
4 colheres (sopa) de manteiga
700g de camarões médios limpos
2 colheres (chá) de sal
2 colheres (sopa) de farinha de trigo
1 vidro de leite de coco (200ml)
1 xícara (chá) de leite
2 colheres (sopa) de catchup
1 pitada de noz-moscada
1 colher (chá) de tomilho desidratado

Modo de Preparo

Massa
Bata todos os ingredientes no liquidificador.

Aqueça uma frigideira untada com óleo e coloque pequenas porções da massa, espalhando-as rapidamente. Doure os dois lados da panqueca e vá empilhando sobre um prato. Reserve.

Recheio
Em uma panela média, aqueça a manteiga e frite os camarões. Salpique o sal e a farinha de trigo. Junte o leite de coco e o leite, mexendo rapidamente. Adicione o catchup, a noz-moscada e o tomilho. Deixe cozinhar por 5 minutos e desligue. Espere amornar e coloque pequenas porções do recheio sobre cada panqueca e enrole. Distribua as panquecas em um refratário e leve ao forno preaquecido em temperatura alta, por 15 minutos. Sirva a seguir.

Rendimento: 10 porções / Tempo de Preparo: 30 minutos / Dificuldade: Elaborado

Bolinho de Bacalhau

Ingredientes
Recheio
4 colheres (sopa) de azeite
1 cebola média picada
1kg de bacalhau cozido e desfiado
1 batata grande cortada em cubos pequenos e cozida
meia xícara (chá) de ervilhas congeladas
1 tablete de caldo de bacalhau esfarelado
1 colher (sopa) de farinha de trigo
1 caixinha de molho para strogonoff pronto (250g)
meia colher (sopa) de tomilho desidratado
2 colheres (sopa) de cebolinha picada
1 pitada de pimenta-do-reino branca
meia xícara (chá) de azeitonas pretas picadas

Massa
2 xícaras (chá) de leite
1 colher e meia (sopa) de manteiga
sal ou caldo de legumes em pó
2 xícaras (chá) de farinha de trigo

Para Fritar
2 ovos
2 xícaras (chá) de farinha de rosca
óleo

Modo de Preparo
Recheio
Aqueça o azeite e frite a cebola. Adicione o bacalhau, a batata e a ervilha. Refogue por 5 minutos; junte o caldo de bacalhau e polvilhe a farinha de trigo. Acrescente o molho de strogonoff, o tomilho, a cebolinha, e a pimenta. Deixe cozinhar por mais 5 minutos; desligue e acrescente as azeitonas. Deixe esfriar.

Massa
Coloque o leite e a manteiga em uma panela e deixe ferver. Tempere com o sal ou o caldo de legumes e junte a farinha de uma só vez, mexendo sem parar, até ficar homogênea e soltar do fundo da panela. Deixe esfriar e abra a massa com um rolo de macarrão. Corte a massa com um copo de boca larga ou cortador próprio. Coloque o círculo de massa na mão, ponha o recheio de bacalhau e feche, formando um bolinho. Passe os bolinhos pelos ovos batidos e pela farinha de rosca. Frite, em imersão, no óleo quente e escorra em papel-toalha. Sirva quente.

Rendimento: 6 porções / Tempo de Preparo: 20 minutos / Dificuldade: Fácil

Namorado ao Molho de Lula

Ingredientes

6 filés de namorado
sal e pimenta a gosto
óleo para fritar
2 colheres (sopa) de azeite
2 dentes de alho picados
2 xícaras (chá) de lulas em anéis
2 folhas de louro
1 pitada de noz-moscada
1 colher (sopa) de cebolinha picada
1 caixa de molho de tomate (520g)

Modo de Preparo

Tempere o peixe com o sal e a pimenta e frite em óleo quente. Reserve.

Coloque o azeite em uma panela e frite o alho, a lula, o louro, a noz-moscada e a cebolinha. Junte o molho de tomate, deixe ferver por 3 minutos e desligue.

Sirva o peixe acompanhado do molho.

Rendimento: 5 porções / Tempo de Preparo: 1 hora e 10 minutos / Dificuldade: Fácil

Peixe ao Pimentão

Ingredientes

1kg de filés de peixe de sua preferência, cortados em pedaços grandes
suco de 1 limão
1 envelope de caldo de legumes em pó
4 colheres (sopa) de óleo
2 cebolas médias picadas
1 pimentão verde picado
2 dentes de alho picados
1 colher (chá) de pimenta vermelha picada
sal a gosto
1 pitada de pimenta-do-reino
1 caixinha de polpa de tomate (520g)
meia xícara (chá) de vinho branco seco

Modo de Preparo

Tempere os filés com o limão e o caldo de legumes e deixe tomar gosto por 30 minutos.

Aqueça o óleo em uma panela e refogue a cebola até ficar transparente. Junte o pimentão, o alho, a pimenta vermelha, o sal, a pimenta-do-reino, a polpa de tomate e o vinho. Deixe aquecer e coloque o peixe. Cozinhe por 20 minutos no fogo baixo com a panela tampada, mexendo de vez em quando, com cuidado para não desmanchar o peixe. Desligue e sirva a seguir.

Rendimento: 8 porções / Tempo de Preparo: 50 minutos / Dificuldade: Fácil

Moqueca de Peixe

Ingredientes
1,5kg de postas de dourado
sal a gosto
1 pimenta vermelha picada
suco de 2 limões
2 pimentões vermelhos médios
2 pimentões verdes médios
2 cebolas médias
4 tomates
2 dentes de alho picados
1 amarrado de ervas (salsa, coentro, cebolinha)
1 tablete de caldo de peixe
1 vidro de leite de coco (200ml)
4 colheres (sopa) de azeite-de-dendê

Modo de Preparo
Tempere as postas com o sal, a pimenta e o suco de limão. Deixe tomar gosto por 2 horas.

Corte os pimentões, as cebolas e os tomates em rodelas. Reserve.

Em uma panela grande, distribua em camadas alternadas, as postas de peixe, os pimentões, as cebolas e os tomates. Junte o alho e o amarrado de ervas.

Dissolva o tablete de caldo de peixe no leite de coco morno e misture o azeite-de-dendê. Regue os ingredientes com essa mistura e leve ao fogo baixo, com a panela semitampada, por 30 minutos. Depois de pronto retire o amarrado de ervas e sirva com arroz branco.

Rendimento: 4 porções / Tempo de Preparo: 30 minutos / Dificuldade: Fácil

Cação ao Molho de Mostarda

Ingredientes

4 postas de cação
sal a pimenta-do-reino branca a gosto
suco de 1 limão
1 cebola pequena picada
1 dente de alho picado
3 colheres (sopa) de manteiga
1 caixinha de molho branco pronto (250g)
1 xícara (chá) de vinho branco seco
3 colheres (sopa) de mostarda
1 colher (chá) de sementes de mostarda
1 colher (sopa) de salsa picada
meia colher (sopa) de amido de milho

Modo de Preparo

Tempere o cação com o sal, pimenta-do-reino e o suco de limão. Leve para grelhar até o ponto desejado. Reserve.

Em uma panela, frite a cebola e o alho na manteiga. Acrescente o molho branco, o vinho, a mostarda, as sementes de mostarda, a salsa e o amido de milho dissolvido em duas colheres (sopa) de água. Deixe cozinhar por 5 minutos e desligue. Sirva com o peixe grelhado.

Rendimento: 5 porções / Tempo de Preparo: 40 minutos / Dificuldade: Fácil

Pérolas de Camarão

Ingredientes
Pérolas
2 colheres (sopa) de azeite
3 dentes de alho picados
1 cebola média picada
500g de camarões pequenos limpos
1 colher (sopa) de coentro picado
1 colher (sopa) de molho de pimenta
3 colheres (sopa) de sal
8 fatias de pão de fôrma esmigalhado
2 colheres (sopa) de farinha de trigo
1 cenoura média cozida e cortada em cubos pequenos
2 ovos batidos
2 xícaras (chá) de farinha de rosca
óleo para fritar

Molho
2 colheres (sopa) de manteiga
1 cebola média picada
2 tabletes de caldo de peixe
1 kg de tomates sem pele e sem sementes picados
1 pitada de pimenta-do-reino
3 colheres (sopa) de creme de leite

Modo de Preparo
Pérolas
Coloque no processador o azeite, o alho, a cebola, os camarões, o coentro, a pimenta, o sal, o pão, a farinha e triture até formar uma massa homogênea. Passe para uma tigela e misture a cenoura. Faça bolinhos com a massa, passe pelos ovos batidos e pela farinha de rosca. Frite no óleo quente, passe para um prato com papel-toalha e reserve.

Molho
Em uma panela, coloque a manteiga e refogue a cebola, junte o caldo de peixe e os tomates picados e deixe ferver por 5 minutos. Junte a pimenta-do-reino e o creme de leite. Sirva as pérolas acompanhadas do molho.

Rendimento: 8 porções / Tempo de Preparo: 1 hora e 10 minutos / Dificuldade: Fácil

Pescada com Laranja

Ingredientes

8 filés de pescada
suco de 2 limões
2 dentes de alho picados
1 colher (chá) de pimenta calabresa
2 colheres (sopa) de salsa picada
sal a gosto
1 laranja descascada e cortada em rodelas finas
2 colheres (sopa) de manteiga
1 cebola picada
1 caixinha de polpa de tomate (520g)
1 vidro de leite de coco (200ml)
1 colher (sopa) de raspas de laranja
1 colher (sopa) de manjerona picada

Modo de Preparo

Em um refratário, tempere os filés de peixe com o limão, o alho, a pimenta calabresa, a salsa, o sal e deixe tomar gosto por 30 minutos.

Coloque duas rodelas de laranja sobre cada filé, embrulhe no papel de alumínio e leve ao forno preaquecido por 20 minutos. Abra o embrulho e deixe dourar.

Enquanto isso, em uma panela, derreta a manteiga e doure a cebola, junte a polpa de tomate, o leite de coco e o restante do sal e deixe apurar por 10 minutos. Desligue.

Coloque as raspas de laranja e a manjerona. Sirva o molho acompanhando os filés assados.

Rendimento: 4 porções / Tempo de Preparo: 45 minutos / Dificuldade: Fácil

Strogonoff de Peixe

Ingredientes
2 colheres (sopa) de óleo
1 cebola picada
2 dentes de alho picados
2 colheres (sopa) de cebolinha picada
3 xícaras (chá) de peixe cortado em cubos
meia xícara (chá) de champignon fatiado
meia xícara (chá) de milho verde em conserva escorrido
1 caixinha de polpa de tomate (260g)
2 colheres (sopa) de molho inglês
sal a gosto
1 caixinha de creme de leite (250g)

Modo de Preparo
Em uma panela grande, coloque o óleo, a cebola, o alho e a cebolinha e deixe refogar por alguns minutos; junte o peixe e refogue até que o peixe esteja cozido. Adicione o champignon, o milho, a polpa de tomate, o molho inglês e o sal e deixe ferver por 5 minutos. Misture o creme de leite, deixe aquecer e desligue. Sirva com arroz branco e batata palha.

Rendimento: 6 porções / Tempo de Preparo: 1 hora / Dificuldade: Fácil

Salmão Baiano

Ingredientes
6 filés de salmão
1 pitada de pimenta chilli em pó
3 colheres (sopa) de molho inglês
sal a gosto
2 colheres (sopa) de azeite
2 dentes de alho picados
1 cebola picada
1 vidro de leite de coco (200ml)
1 tablete de caldo de peixe
1 colher (sopa) de amido de milho
1 xícara (chá) de suco de tomate
5 colheres (sopa) de coentro, cebolinha e salsa picados juntos
1 colher (chá) de pimenta calabresa

Modo de Preparo
Tempere os filés com a pimenta chilli, o molho inglês e o sal. Deixe tomar gosto por 30 minutos.

Em uma panela, aqueça o azeite e doure o alho e a cebola. Junte o restante dos ingredientes um a um, mexendo sempre. Ferva por 5 minutos e desligue.

Grelhe os filés e passe para uma travessa. Despeje o molho e sirva a seguir.

Rendimento: 8 porções / Tempo de Preparo: 40 minutos / Dificuldade: Fácil

Torta Prática de Peixe

Ingredientes

Massa
500g de farinha de trigo
1 tablete de manteiga em temperatura ambiente
1 ovo
sal a gosto

Recheio
2 xícaras (chá) de peixe cozido e cortado em cubos pequenos
2 colheres (sopa) de azeitonas verdes picadas
meia xícara (chá) de folha de manjericão
sal a gosto
1 xícara (chá) de tomate picado
meia xícara (chá) de queijo ralado

Modo de Preparo

Massa
Misture todos os ingredientes até formar uma massa lisa. Abra 2/3 da massa com um rolo e forre o fundo e a lateral de uma fôrma de aro removível. Reserve.

Recheio
Em uma vasilha, misture todos os ingredientes e distribua sobre a massa uniformemente. Abra o restante da massa e coloque sobre o recheio. Leve ao forno preaquecido em temperatura média, por 25 minutos ou até que esteja dourada. Sirva a seguir.

Rendimento: 5 porções / Tempo de Preparo: 40 minutos / Dificuldade: Fácil

Filé de Linguado Crocante

Ingredientes
meio quilo de filé de linguado
sal a gosto
1 pitada de pimenta-do-reino
suco de meio limão
1 xícara (chá) de cereal tipo corn flakes triturado grosseiramente
1 colher (sopa) de farinha de rosca
meia lata de creme de leite
2 colheres (sopa) de salsa picada
2 colheres (sopa) de cebolinha picada
1 colher (sopa) de manjericão picado

Modo de Preparo
Tempere os filés de linguado com o sal, a pimenta, o suco de limão e deixe descansar por cerca de 10 minutos. Enquanto isso, misture o cereal triturado com a farinha de rosca e o sal. Reserve.

Arrume os filés de peixe em um recipiente refratário médio (20x30cm) untado com margarina e espalhe o creme de leite sobre eles. Distribua as ervas e cubra com a mistura de cereal e farinha de rosca reservada.

Leve para assar no forno preaquecido em temperatura média/alta, por cerca de 20 minutos, ou até que o peixe esteja cozido.

Rendimento: 6 porções / Tempo de Preparo: 20 minutos / Dificuldade: Fácil

Peixe ao Molho de Uva

Ingredientes
6 filés de pescada
sal e pimenta-do-reino a gosto
2 colheres (sopa) de manteiga
meia xícara (chá) de vinho branco seco
2 colheres (sopa) de conhaque
1 tablete de caldo de peixe
2 colheres (sopa) de cebolinha picada
25 uvas Thompson lavadas e sem sementes
1 caixinha de polpa de tomate (520g)
1 colher (sopa) de amido de milho
meia xícara (chá) de leite

Modo de Preparo
Tempere os filés de pescada com o sal e a pimenta-do-reino. Enrole os filés formando rolinhos e leve ao forno preaquecido em temperatura média por 30 minutos. Reserve.

Derreta a manteiga em uma panela e junte o vinho, o conhaque, o caldo de peixe e a cebolinha. Deixe o tablete de caldo de peixe dissolver completamente e adicione as uvas, a pimenta-do-reino, a polpa de tomate e o amido de milho misturado com o leite. Mexa até engrossar ligeiramente e cozinhe por 3 minutos em fogo baixo. Desligue e sirva com o peixe assado.

Rendimento: 8 porções / Tempo de Preparo: 1 hora / Dificuldade: Fácil

Pescada ao Molho Rosé

Ingredientes

Peixe
8 filés de pescada
3 colheres (sopa) de vinagre branco
meia cebola ralada
1 dente de alho amassado
1 colher (chá) de cominho moído
sal a gosto
1 abobrinha grande cortada em tiras finas e cozida
2 talos grandes de salsão cortados em tiras finas e cozidos
1 cenoura grande cortada em tiras finas e cozida
óleo para fritar

Molho
2 colheres (sopa) de manteiga
1 cebola pequena picada
1 caixinha de polpa de tomate (260g)
1 colher (sopa) de amido de milho
1 xícara (chá) de leite
2 colheres (sopa) de molho de pimenta verde
1 colher (sopa) de tomilho desidratado
sal a gosto

Modo de Preparo

Peixe
Tempere os filés com o vinagre, a cebola, o alho, o cominho e o sal e deixe tomar gosto por 30 minutos.

Frite os filés em uma frigideira com óleo e deixe dourar dos dois lados. Coloque-os em um refratário, cobrindo cada filé com os legumes em tiras. Reserve.

Molho
Em uma panela, derreta a manteiga e refogue a cebola, junte a polpa de tomate, o amido de milho dissolvido no leite, o molho de pimenta, o tomilho e o sal. Deixe ferver e desligue. Sirva sobre o peixe.

Rendimento: 6 porções / Tempo de Preparo: 40 minutos / Dificuldade: Fácil

Bobó de Camarão

Ingredientes
1 litro de água
1kg de macaxeira descascada e picada
2 tabletes de caldo de camarão
meia xícara (chá) de leite de coco
2 colheres (sopa) de azeite
meia cebola picada
meia lata de purê de tomate
500g de camarão limpo
1 pimentão verde picado
1 colher (sopa) de coentro picado
1 colher (sopa) de azeite-de-dendê

Modo de Preparo
Em uma panela grande, coloque a água, a macaxeira, o caldo de camarão e o leite de coco. Leve ao fogo e cozinhe até a macaxeira ficar macia. Retire do fogo e quando esfriar um pouco, bata no liquidificador com parte do caldo. Se necessário, coloque mais caldo, de modo a obter um mingau não muito grosso. Reserve.

Aqueça o azeite, frite a cebola e junte o purê de tomate. Quando iniciar a fervura, junte o camarão, o pimentão e cozinhe em fogo baixo por cerca de 5 minutos. Adicione a macaxeira batida e deixe aquecer bem. Junte o coentro e o azeite-de-dendê, misture bem e sirva a seguir.

Rendimento: 4 porções / Tempo de Preparo: 25 minutos / Dificuldade: Fácil

Jardineira Ensopado de Peixe

Ingredientes

4 postas de peixe (400g) (namorado, tainha etc.)
sal e pimenta a gosto
3 colheres (sopa) de azeite
1 lata de molho de tomate pronto
meia xícara (chá) de vinho tinto
1 lata de seleta de legumes
1 xícara (chá) de cogumelos fatiados
2 colheres (sopa) de salsa picada

Modo de Preparo

Tempere as postas de peixe com o sal e a pimenta. Deixe tomar gosto por 15 minutos.

Aqueça o azeite em uma panela média e despeje o molho de tomate e o vinho tinto com um pouco de sal. Coloque as postas, a seleta e o cogumelo sobre o molho. Tampe a panela e deixe cozinhar por 10 minutos ou até que o peixe esteja cozido. Polvilhe a salsa e sirva a seguir.

Rendimento: 2 fogazzas / Tempo de Preparo: 2 horas / Dificuldade: Médio

Fogazza de Camarão

Ingredientes
Massa
1 tablete de fermento biológico (15g)
1 colher (chá) de açúcar
1 xícara (chá) de leite
meia colher (chá) de sal
2 ovos
1 colher (sopa) de margarina
2 colheres (sopa) de amido de milho
4 xícaras (chá) de farinha de trigo

Recheio
800g de camarões limpos
1 pitada de sal
1 pitada de pimenta-do-reino
6 colheres (sopa) de azeite
1 colher (sopa) de ervas finas
8 colheres (sopa) de requeijão
2 tomates sem pele, sem sementes e picados
1 xícara (chá) de mussarela ralada

Modo de Preparo
Massa
Dissolva o fermento no açúcar. Aqueça o leite até ficar morno e misture ao fermento. Adicione o sal, os ovos, a margarina e o amido de milho. Misture bem e vá adicionando, aos poucos, a farinha de trigo. Sove até desgrudar das mãos. Deixe a massa crescer por 1 hora em local quente.

Recheio
Tempere os camarões com o sal e a pimenta. Aqueça o azeite e frite os camarões. Junte as ervas finas, desligue e deixe esfriar.

Divida a massa em duas partes e abra com um rolo formando dois discos. Espalhe o requeijão sobre metade de cada disco de massa, distribua os camarões, o tomate e a mussarela. Una as bordas da fogazza e vá moldando até que esteja completamente fechada. Transfira as fogazzas para uma assadeira forrada com papel-alumínio.

Leve ao forno preaquecido em temperatura média e asse por 25 minutos.

Rendimento: 4 porções / Tempo de Preparo: 1 hora e 40 minutos / Dificuldade: Fácil

Ensopado de Atum e Grão de Bico

Ingredientes
meia xícara (chá) de grão de bico
2 colheres (sopa) de margarina
1 cebola picada
2 dentes de alho amassados
1 envelope de caldo de galinha em pó
1 folha de louro
meia xícara (chá) de ervilha fresca
1 lata de atum em óleo
sal e molho de pimenta a gosto
1 colher (sopa) de cheiro-verde picado

Modo de Preparo
De véspera, deixe o grão de bico de molho em água.

Em uma panela, aqueça a margarina e doure a cebola e o alho. Junte o grão de bico escorrido e refogue demoradamente. Acrescente três xícaras (chá) de água fervente, o caldo de galinha e a folha de louro. Misture. Cozinhe em fogo brando, com a panela tampada, até o grão de bico ficar macio. Junte a ervilha e cozinhe até começar a amolecer (se necessário, acrescente mais água). Adicione o atum com o óleo e tempere com sal e molho de pimenta a gosto. Salpique o cheiro verde, misture e sirva em seguida.

Rendimento: 7 porções / Tempo de Preparo: 25 minutos / Dificuldade: Fácil

Atum com Molho de Tomates

Ingredientes
7 filés de atum
sal e pimenta-do-reino a gosto
4 colheres (sopa) de azeite

Molho
3 colheres (sopa) de azeite
1 dente de alho picado
meia cebola média picada
2 latas de tomates pelados e picados
meia colher (chá) de açúcar
sal e pimenta-do-reino a gosto
meia colher (sopa) de coentro picado

Modo de Preparo
Tempere o atum com o sal, a pimenta e o azeite. Coloque em um grill e grelhe até o ponto desejado.

Molho
Em uma panela, aqueça o azeite e frite o alho e a cebola. Junte os tomates, o açúcar, o sal e a pimenta. Deixe ferver por alguns minutos e acrescente o coentro. Desligue e sirva sobre o atum grelhado.

Rendimento: 10 porções / Tempo de Preparo: 1 hora e 10 minutos / Dificuldade: Fácil

Caruru

Ingredientes

2 cebolas grandes

3 tomates médios

3 dentes de alho

6 ramos de coentro

1 pimentão verde

4 ramos de hortelã

5 ramos de salsa

meia xícara (chá) de castanha de caju torrada

meia xícara (chá) de amendoim torrado sem casca

250g de camarão seco descascado

1 xícara (chá) de azeite-de-dendê

1,5kg de quiabo bem lavado, picado em pedaços médios

2 colheres (sopa) de vinagre

sal e pimenta malagueta a gosto

Modo de Preparo

Bata no liquidificador a cebola, o tomate, o alho, o coentro, o pimentão, a hortelã, a salsa e duas xícaras (chá) de água. Reserve.

Separadamente, bata a castanha, o amendoim e o camarão. Reserve.

Leve ao fogo alto uma panela com um litro de água, meia xícara (chá) de azeite-de-dendê e o quiabo. Quando ferver, acrescente os temperos reservados e cozinhe por 20 minutos, mexendo de vez em quando. Adicione o vinagre e misture. Junte a castanha, o amendoim, o camarão e o azeite-de-dendê restante. Cozinhe por mais 20 minutos, mexendo de vez em quando. Se necessário, acrescente água aos poucos. Prove o sal e adicione pimenta a gosto.

Rendimento: 4 porções / Tempo de Preparo: 40 minutos / Dificuldade: Fácil

Mandioquinha com Atum no Forno

Ingredientes
3 mandioquinhas médias (500g)
sal a gosto
2 ovos
meia xícara (chá) de creme de leite fresco
2 colheres (sopa) de queijo tipo parmesão ralado
1 lata de atum em óleo escorrido
meia xícara (chá) de molho de tomate pronto
sal e pimenta-do-reino a gosto
salsa fresca picada a gosto

Modo de Preparo
Descasque as mandioquinhas e corte-as em rodelas finas. Cozinhe as mandioquinhas em água fervente com sal até ficar al dente. Escorra e reserve.

Unte, com margarina, quatro tigelinhas refratárias, com cerca de 9 cm de diâmetro e 5 cm de altura. Distribua as rodelas de mandioquinha no fundo de cada tigela. Reserve.

À parte, bata os ovos e o creme de leite até começar a espumar. Acrescente o queijo, o atum e o molho de tomate. Tempere com pimenta e sal, se necessário.

Distribua a mistura de ovos e atum sobre as tigelas com as mandioquinhas. Coloque as tigelinhas em uma assadeira e cubra com papel-alumínio.

Leve ao forno preaquecido em temperatura média, por cerca de 25 minutos. Retire do forno, polvilhe a salsa e sirva em seguida.

Rendimento: cerca de 16 rolinhos / Tempo de Preparo: 1 hora e 10 minutos / Dificuldade: Médio

Sushi de Kani

Ingredientes
meia xícara (chá) de arroz próprio para culinária japonesa
3 colheres (sopa) de vinagre de arroz
1 pitada de sal
6 kanis descongelados
2 folhas de nori (alga seca) com cerca de 18cm x 20cm cada
meio pepino japonês cortado em palitos
meia manga firme cortada em palitos
wasabi (pasta de raiz forte) e molho shoyo para acompanhar

Modo de Preparo
Lave bem o arroz japonês, esfregando-o com as mãos, até a água ficar transparente. Coloque em uma panela e junte uma xícara (chá) de água. Deixe descansando por 30 minutos. Tampe a panela e cozinhe em fogo baixo por 20 minutos ou até os grãos ficarem macios. Retire a panela do fogo e deixe descansando, tampada, por cerca de 5 minutos. Acrescente o sal misturado com o vinagre de arroz, misture e reserve.

Sobre cada folha de nori (coloque a face brilhante da folha para baixo) distribua metade do arroz. Espalhe o arroz com as costas de uma colher até obter uma camada homogênea, tomando o cuidado de deixar as bordas livres para depois poder enrolar. Sobre o arroz, disponha, no sentido do comprimento, metade dos kanis, dos palitos de pepino e dos palitos de manga. Enrole como um rocambole, bem apertado. Proceda da mesma maneira para montar o outro rolinho.

Corte cada rolinho em 8 pedaços. Sirva os rolinhos acompanhados de wasabi e molho shoyo.

Rendimento: 10 porções / Tempo de preparo: 50 minutos / Dificuldade: Médio

Rocambole Salgado de Lula

Ingredientes

Massa
3 ovos inteiros
1 xícara (chá) de farinha de trigo
2 xícaras (chá) de leite
3/4 de xícara (chá) de óleo
3 colheres (sopa) de queijo ralado
sal a gosto
2 colheres (chá) de fermento em pó

Recheio
800g de lulas cozidas e trituradas
1 colher (sopa) de catchup
sal a gosto

Modo de Preparo

Massa
Bata no liquidificador os ovos, a farinha de trigo, o leite, o óleo, o queijo ralado, o sal e o fermento em pó. Coloque em uma fôrma retangular grande, untada e enfarinhada. Asse em forno preaquecido em temperatura média/alta por 25 minutos ou até que espetando o palito no centro, este saia limpo.

Recheio
Misture tudo e reserve.

Montagem
Desenforme a massa ainda quente sobre um pano de prato, espalhe o recheio e enrole no sentido do comprimento da fôrma, para formar o rocambole. Aperte bem e leve à geladeira por 15 minutos.

Rendimento: 4 porções / Tempo de Preparo: 40 minutos / Dificuldade: Fácil

Truta com Macadâmia e Couve-flor

Ingredientes
4 trutas limpas e temperadas com sal e limão
meia xícara (chá) de farinha de trigo
1/4 de xícara (chá) de azeite
2 colheres (sopa) de manteiga
meia colher (sopa) de açúcar mascavo
1/3 de xícara (chá) de macadâmia picada
1 pacote de couve-flor congelada (300g)
suco de 1 limão
1 colher (sopa) de extrato de tomate
sal a gosto
12 folhas de sálvia
azeite para fritar

Modo de Preparo
Passe as trutas na farinha de trigo e frite no azeite misturado com a manteiga, dos dois lados, com a frigideira tampada. Retire e deixe escorrer em papel-toalha.

Na mesma frigideira, coloque o açúcar mascavo, a macadâmia, a couve-flor descongelada e frite rapidamente. Junte o suco de limão, o extrato de tomate e o sal. Reserve.

Frite as folhas de sálvia no azeite e reserve. Sirva a truta com a macadâmia e a couve-flor; por cima, espalhe as folhas de sálvia.

Rendimento: 6 porções / Tempo de Preparo: 40 minutos / Dificuldade: Fácil

Cação com Camarão

Ingredientes
6 postas de cação
2 colheres (sopa) de cheiro-verde picado
1 colher (chá) de glutamato monossódico
sal a gosto
suco de 1 limão
200g de camarões pequenos, limpos
1 cebola média cortada em rodelas

Modo de Preparo
Tempere o cação com o cheiro verde, o glutamato, o sal e o limão. Misture os camarões e reserve.

Corte quadrados de papel-alumínio e coloque uma posta do peixe em cada quadrado. Espalhe as rodelas de cebola sobre cada posta e finalize com os camarões. Feche os pacotes e coloque-os no forno preaquecido em temperatura média por 20 minutos. Abra os pacotes e deixe dourar ligeiramente. Sirva com arroz à grega.

Rendimento: 4 porções / Tempo de Preparo: 20 minutos / Dificuldade: Fácil

Peixe com Molho de Ervas

Ingredientes
1 xícara (chá) de vinho branco seco
1 xícara (chá) de leite
2 colheres (sopa) de farinha de trigo
2 colheres (sopa) de ervas finas desidratadas
sal e pimenta-do-reino a gosto
2 colheres (sopa) de manteiga
4 filés de Saint Peter
noz-moscada e sal a gosto
óleo para fritar

Modo de Preparo
Bata no liquidificador o vinho branco, o leite e a farinha de trigo. Misture uma colher (sopa) de ervas finas, o sal e a pimenta-do-reino.

Em uma panela, derreta a manteiga e junte o molho. Deixe ferver, mexendo sempre até engrossar. Reserve.

Tempere os filés de peixe com noz-moscada, sal e ervas finas restantes. Frite no óleo até ficar dourado. Sirva acompanhado do molho.

Rendimento: 10 porções / Tempo de Preparo: 50 minutos / Dificuldade: Fácil

Bolinho de Peixe ao Molho Picante

Ingredientes

Bolinho
1kg de batatas cozidas
2 xícaras (chá) de peixe cozido e desfiado
2 gemas
3 colheres (sopa) de salsa picada
2 colheres (sopa) de cebola picada
meia colher (chá) de canela em pó
2 xícaras (chá) de farinha de rosca
sal a gosto
2 ovos batidos
óleo para fritar

Molho
1 xícara (chá) de cream cheese
2 colheres (sopa) de catchup
1 pimenta dedo-de-moça sem sementes e picada
1 colher (sopa) de hortelã picada
noz-moscada e sal a gosto

Modo de Preparo

Bolinho
Amasse as batatas com o peixe desfiado, as gemas, a salsa, a cebola, a canela, cinco colheres (sopa) de farinha de rosca e o sal. Molde bolinhos com a massa, passe pelos ovos batidos e pela farinha de rosca restante. Frite no óleo quente e escorra em papel-toalha.

Molho
Misture em uma tigela o cream cheese, o catchup, a pimenta dedo-de-moça, a hortelã, a noz-moscada e o sal. Sirva os bolinhos fritos acompanhados do molho.

Rendimento: 7 porções / Tempo de Preparo: 40 minutos / Dificuldade: Fácil

Truta ao Leite de Coco

Ingredientes
1kg de truta em filés
sal e pimenta calabresa a gosto
suco de 1 limão
meia xícara (chá) de farinha de trigo
2 colheres (sopa) de manteiga
1 xícara (chá) de leite
meia xícara (chá) de leite de coco
2 colheres (sopa) de molho inglês
1 tablete de caldo de peixe
2 folhas de louro
1 colher (sopa) de sálvia picada
1 colher (sopa) de salsa picada

Modo de Preparo
Tempere a truta com o sal, a pimenta calabresa e o suco de limão. Empane o peixe na farinha de trigo, derreta a manteiga em uma panela e frite os filés de peixe até dourarem.

Em uma panela, coloque o leite, o leite de coco, o molho inglês, o caldo de peixe, o louro e uma xícara (chá) de água. Deixe ferver por 15 minutos.

Sirva o peixe acompanhado do molho e polvilhe a sálvia e a salsa.

Rendimento: 7 porções / Tempo de Preparo: 40 minutos / Dificuldade: Fácil

Peixe com Banana e Couve-flor

Ingredientes
7 postas de badejo
2 colheres (chá) de alho picado
sal a gosto
4 colheres (sopa) de azeite
3 bananas-da-terra cortadas ao meio no sentido do comprimento
1 couve-flor cortada em buquês pré-cozida

Modo de Preparo
Tempere o badejo com o alho, o sal e o azeite. Coloque o peixe em um grill e grelhe até o ponto desejado. Retire o peixe e coloque a banana-da-terra no grill, pincelando com água para não ressecar. Deixe até amolecer um pouco.

Coloque os buquês de couve-flor no grill e vá pincelando com água salgada até dourar ligeiramente.

Sirva o badejo com a banana e a couve-flor grelhada.

Rendimento: 6 porções / Tempo de preparo: 50 minutos / Dificuldade: Fácil

Filé de Tilápia ao Molho de Cogumelos

Ingredientes
6 filés de tilápia
1 colher (chá) de sal
2 colheres (sopa) de suco de limão
2 colheres (sopa) de manteiga
1 xícara e meia (chá) de cogumelos em conserva fatiados
meia xícara (chá) de água
1 pote de cream cheese
1 colher (sopa) de salsinha picada

Modo de Preparo
Tempere o peixe com o sal e o suco de limão. Deixe tomar gosto por 15 minutos.

Em uma frigideira grande, derreta a manteiga e doure os filés dos dois lados, em fogo alto. Retire da frigideira, passe para um prato e mantenha aquecido. Na mesma frigideira, refogue os cogumelos por 3 minutos, adicione a água e deixe levantar fervura. Junte o cream cheese e aqueça em fogo baixo, mexendo até formar um molho cremoso. Despeje sobre os filés reservados, polvilhe a salsinha e sirva em seguida.

Editora Boccato Ltda. EPP
Rua Afonso Brás, 473 - cj. 33
04511-011 - Vila Nova Conceição
Tel.: 11 3846-5141
www.boccato.com.br

Editora Gaia LTDA.
(pertence ao grupo Global Editora e Distribuidora Ltda.)
Rua Pirapitingüi, 111-A - Liberdade 01508-020
São Paulo - SP - Brasil (11) 3277-7999
www.globaleditora.com.br - gaia@editoragaia.com.br
Nº de Catálogo: 3134

Edição: André Boccato
Coordenação Editorial: Manon Bourgeade / Maria Aparecida Ramos
Coordenação Administrativa: Artur Cruz Filho
Diagramação e Tratamento de Imagens: Arturo Kleque Gomes Neto
Fotografias: Estúdio Paladar - Cristiano Lopes / Emiliano Boccato
Produção Fotográfica: Airton G. Pacheco
Revisão de textos: Catarina Corrêa
Cozinha Experimental: Aline Maria Terrassi Leitão / Isabela R. B. Espíndola
Bibliografia / Fontes: www.saude.hsw.uol.com.br, www.idec.org.br, www.news.med.br, www.emedix.uol.com.br e www.saudenarede.com.br

Editora Gaia
Diretor Editorial: Jefferson L. Alves
Diretor de Marketing: Richard A. Alves
Gerente de Produção: Flávio Samuel
Coordenadora Editorial: Dida Bessana
Assistente Editorial: João Reynaldo de Paiva
Impressão: Prol Editora Gráfica Ltda

Todas as fotografias foram realizadas no Estúdio Paladar.

Estúdio Paladar
Fotografias culinárias e cozinha experimental
Rua Valois de Castro, 50
04513-090 - Vila Nova Conceição
Tel.: 11 3044-4385
www.estudiopaladar.com.br

Copyright © Editora Boccato

Dados Internacionais de Catalogação na Publicação (CIP)
(Câmara Brasileira do Livro, SP, Brasil)

Boccato, André
  Receitas saborosas com peixes e frutos do mar / André Boccato e [fotografias] Estúdio Palar. -- São Paulo : Gaia : Editora Boccato, 2009.

  ISBN 978-85-7555-206-3

  1. Culinária (Peixes) 2. Culinária (Frutos do mar) 3. Receitas I. Estúdio Paladar. II. Título.

09-05597   CDD-641.63

Índices para catálogo sistemático:

1. Peixes e frutos do mar : Receitas : Culinária
   641.63